THE ADVENTURES OF #PILOTINA

THE ADVENTURES OF PILOTINA

Copyright © 2020 Jacqueline Camacho Ruiz.
All Rights Reserved.

Illustrated by Stephanie K. Grammens

ISBN: 978-1-7345680-7-3

FIG FACTOR MEDIA

TO ALL DREAMERS WITH IMAGINATION BIGGER THAN THEM.

A TODAS LAS SOÑADORAS CON LA IMAGINACIÓN MÁS GRANDE QUE ELLAS.

ACKNOWLEDGEMENTS / AGRADECIMIENTOS

Becoming a pilot totally changed my life, opening my mind to a new fascinating 3D space filled with magic. I thank the love of my life Juan Pablo and my amazing children Giullianna and Leo for believing in me and supporting me on this adventure. Thank you to all the people that have been there on this journey, on takeoffs and landings as my private instructors: David Spano, Tony Sabos, Peter Taylor. Thank you to all the brave passengers that trusted me as your pilot in command and finally to the bravest teddy bear that has joined me in every single flight, Amelia.

El convertirme en piloto aviador me ha cambiado la vida totalmente, abriéndome la mente a un espacio tri-dimensional lleno de magia. Le agradezco de corazón a mi esposo Juan Pablo y mis hijos Giulliana y Leo por creer en mí y apoyarme en esta gran aventura. Gracias a todas las personas que han estado en esta jornada, en despegues y aterrizajes: David Spano, Tony Sabos, Peter Taylor. Gracias a los valientes pasajeros que han depositado su fe como su piloto y finalmente a la osita más valiente del mundo, Amelia, la cual me ha acompañado en todos los vuelos.

NO ONE CAN TAKE AWAY WHAT YOU HAVE ACCOMPLISHED, SO KEEP ACCOMPLISHING.

NADIE PUEDE QUITAR LO QUE HAS LOGRADO, ASÍ QUE SIGUE LOGRANDO.

MEXICO

INTENSIFY YOUR GRATITUDE
DURING DIFFICULT TIMES.

INTENSIFICA TU GRATITUD
DURANTE LOS MOMENTOS DIFÍCILES.

CANADA

TAKING OFF IS OPTIONAL,
LANDING ON YOUR DREAMS IS MANDATORY.

DESPEGAR ES OPCIONAL,
ATERRIZAR EN TUS SUEÑOS ES OBLIGATORIO.

COSTA RICA

I AM HAPPY BECAUSE I AM,
NOT BECAUSE I HAVE.

SOY FELIZ NO POR LO QUE TENGO,
SINO POR LO QUE SOY.

PANAMA

DO WHAT MAKES YOUR HEART "BEEP"
AND ALIGN YOUR PATH.

HAZ LO QUE HACE "SONAR" TU CORAZÓN
Y ALINEA TU CAMINO.

BOLIVIA

BECOME A VISIONARY THAT CONSTANTLY ADDS VALUE TO OTHERS

CONVIÉRTETE EN UN VISIONARIO QUE CONSTANTEMENTE AGREGA VALOR A LOS DEMÁS.

PERU

GRATITUDE IS THE GREATEST ACCELERATOR TO ACHIEVE YOUR DREAMS.

LA GRATITUD ES EL MAYOR ACELERADOR PARA MANIFESTAR TUS SUEÑOS.

BOULANGERIE

FRANCE

DO SOMETHING THAT TRANSCENDS
EVERY DAY.

HAZ ALGO QUE TRASCIENDA
TODOS LOS DÍAS.

BELGIUM

INVEST YOUR MONEY AND TIME
WHERE YOUR HEART IS.

PON TU INVERSIÓN DE TIEMPO Y DINERO
DONDE ESTÁ TU CORAZÓN.

HOLLAND

KEEP IN MIND THE BEST INTEREST OF OTHERS TO CREATE AN AUTHENTIC CONNECTION.

TEN EN CUENTA EL MEJOR INTERÉS DE LOS DEMÁS PARA CREAR UNA CONEXIÓN.

GERMANY

BECOME A DREAM CATCHER
FOR OTHERS.

CONVIÉRTETE EN UN CAZADOR DE SUEÑOS
PARA LOS DEMÁS.

SWEDEN

PLAY THE RHYTHM
OF YOUR OWN MUSIC.

TOCA EL RITMO
DE TU PROPIA MÚSICA.

DUBAI, UAE

ABOUT THE AUTHOR:

Jacqueline Camacho-Ruiz is a visionary social entrepreneur that has created an enterprise of inspiration. Her keen sense of service coupled with the vision to bring good to the world have led her to create two successful award-winning companies, establish two nonprofit organizations, publish 17 books, create many products, and has held dozens of events around the world in just the past decade. She is also one of the few Latina sports airplane pilots in the United States.

ACERCA DEL AUTOR

Jacqueline Camacho-Ruiz, es una emprendedora social visionaria que ha creado un imperio de inspiración. Su agudo sentido del servicio junto con la visión de traer el bien al mundo la han llevado a crear dos empresas galardonadas exitosas, establecer dos organizaciones sin fines de lucro, publicar 17 libros, crear muchos productos y ha celebrado docenas de eventos en todo el mundo en la última década. Ella es una de las pocas pilotos de aviones deportivos latinas en los Estados Unidos